CABALLITO BLANCO

y otras poesías favoritas

Alma Flor Ada

HAMPTON-BROWN BOOKS
FOR BILINGUAL EDUCATION

Quien sabe dos lenguas vale por dos.®

CONTENIDO

UNA ESCUELA EN EL FONDO DEL MAR

Hay un colegio
en el fondo del mar,
y todos los peces
bajan a estudiar.

Pupitre de perlas,
bancos de coral,
pizarrón muy verde
y tiza de sal.

—*Gloria Fuertes*

Libertad

Amistad
verdad
igualdad
libertad.

Amistad porque somos tú y yo,
verdad porque te creo y me crees tú,
igualdad porque vales y valgo yo,
libertad de ser yo y de ser tú.

—*Alma Flor Ada*

A TAPAR LA CALLE

A tapar la calle,
que no pase nadie.
Que pase mi abuelo
comiendo buñuelos.

Que pase mi abuela
comiendo ciruelas.

Que pase mi tía
comiendo sandía.

Que pase mi primo
comiendo pepino.

Que pase mi hermana
comiendo manzana.

—*Tradicional*

CUANDO LLEGA EL VIENTO, VIENTO . . .

Cuando llega el viento,
viento,
todas las hojitas bailan
de contento,
y algunas se hamacan
y vienen y van,
y suben y bajan
por el tobogán.

Cuando el viento,
viento, viento
se va,
cada hojita verde,
vuelve con su mamá.

—*María Hortensia Lacau*

MIGRACIÓN

¿Sabes por qué se caen las hojas
de los árboles?
¿Será que quieren irse
volando al sur,
como los pájaros?

—*Alma Flor Ada*

El fantasma más famoso
se llama Mafantás.
Fama entre fantasmas tiene
por ser el más fantasmal.
Fama tiene entre la gente
por jamás hacer el mal.
¡Qué fantasma más fantástico
el famoso Mafantás!

—*Juan Quintana*

La hormiguita y Ratón Pérez
se casaron anteayer.
¿Dónde fue? Yo no lo sé,
qué coloretín, qué coloretón.
¡Qué viva la hormiga,
qué viva el ratón!
Ella es buena y hacendosa,
y él es muy trabajador,
qué coloretín, qué coloretón.
¡Qué viva la hormiga,
qué viva el ratón!

—*Tradicional*

EL COQUÍ

El coquí, el coquí siempre canta.
Es muy suave el cantar del coquí.
Por las noches a veces me duermo
con el dulce cantar del coquí:
Co-quí, co-quí, co-quí, quí, quí, quí;
Co-quí, co-quí, co-quí, quí, quí, quí.

—*Tradicional*

CABALLITO BLANCO

Caballito blanco,
llévame de aquí;
llévame hasta el pueblo
donde yo nací.

—*Tradicional*

ESTA GUITARRITA MÍA

Esta guitarrita mía
tiene lengua y quiere hablar,
sólo le faltan los ojos
para ponerse a llorar.

—*Tradicional*

MARTIN LUTHER KING

El sueño de este hombre noble
era un sueño de amistad,
de paz, de amor, de justicia
de justicia y de igualdad.

—*Alma Flor Ada*

¿A QUE NO ADIVINAS?

Largo y finito
como un palito;
tiene alma negra,
negra, renegra;
deja su huella
detrás de ella
y en el papel
se queda él.

—*Tradicional*

(el lápiz)

¿QUE LLUEVA

Que llueva, que llueva,
la Vieja de la cueva.
Los pajaritos cantan,
la madre se levanta.
Que sí, que no,
¡que llueva a chaparrón!

—*Tradicional*

¡QUÉ SUEÑO!

Y vino don Topo Topón
que es muy dormilón,
y se quedó dormido
vestido
con traje y bastón.
Y se quedó dormido
lirón y lirón,
arriba de siete colchones
y de un almohadón.

—*María Hortensia Lacau*

VERSOS SENCILLOS

Tiene el leopardo un abrigo
en su monte seco y pardo:
Yo tengo más que el leopardo
porque tengo un buen amigo.

Tiene el señor presidente
un jardín con una fuente,
y un tesoro en oro y trigo:
tengo más, tengo un amigo.

—*José Martí*

19

LAS MAÑANITAS

Éstas son las mañanitas
que cantaba el Rey David,
pero no eran tan bonitas
como las cantan aquí.

Despierta, mi bien, despierta,
mira que ya amaneció,
ya los pajarillos cantan,
la luna ya se metió.

—Tradicional

SER BILINGÜE

Te lo digo, y no hay engaño:
Ser bilingüe es una dicha
que nos dura todo el año.

—Alma Flor Ada

LA VIBORITA

La viborita se va
corriendo a Vivoratá
para ver a su mamá.

La cabeza ya llegó
pero la colita no.

Terminó.

—*María Elena Walsh*

ERA UNA PALOMA

Era una paloma,
punto y coma,
que dejó su nido,
punto y seguido,
para ir al parque,
punto y aparte.
Se encontró a un amigo,
puntos suspensivos . . .
Se paró en la loma,
punto y coma;
se tragó un nopal,
punto final.

—*Tradicional*

23

SINFÍN

De la semilla el naranjo,
del naranjo el azahar,
del azahar la naranja.

Y otra vez a comenzar.

En semilla está naranjo,
en naranjo está azahar,
en azahar la naranja
y en naranja
    —¡maravilla!—
la semilla
de sembrar.

¿Quieres que vuelva
a empezar?

—*Mirta Aguirre*

CANTANDO MENTIRAS

Ahora que estamos despacio,
vamos a cantar mentiras,
por el río van las liebres,
por el monte las sardinas.

Los perritos cacarean,
las gallinas a ladrar,
a los sapos crecen colas
porque no saben nadar.

—*Tradicional*

25

MARZO VENTOSO

Marzo ventoso, abril lluvioso
sacan a mayo florido y hermoso.

—Tradicional

MI GUANTE DE BÉISBOL

Hoy me han regalado
un guante de cuero.
Está limpiecito
con olor a nuevo.

Ya estrené mi guante.
Ya no huele a nuevo.
Huele ahora a pelotas,
a amigos, y ¡a juego!

—*Alma Flor Ada*

CUANDO SEA GRANDE

Mamá, cuando sea grande,
voy a hacer una escalera
tan alta que llegue al cielo,
para ir a buscar estrellas.

Me llenaré los bolsillos
de estrellas y de cometas,
y bajaré a repartirlas
a los chicos de la escuela.

Pero a ti voy a traerte,
mamita, la luna llena,
para que alumbres la casa
sin gastar en luz eléctrica.

—*Álvaro Yunque*

Las Mariposas

Bailarinas de la brisa
las alegres mariposas
tocan, tocan por el aire
sus castañuelas sedosas.

—*Isabel Freire de Matos*

LA EXCLAMACIÓN

Quieto
   No en la rama
En el aire
   No en el aire
En el instante
   El colibrí.

—*Octavio Paz*

ADIVINA, ADIVINADOR
¡Ronda que ronda, rondadorita!
¡Teje que teje, tejedorita!

—*Tradicional*

(la araña)

NADIE TIENE CUATRO PIES
Nadie tiene cuatro pies
ni siquiera tres;
pero fíjense muy bien
en Ciempiés.

—*Ernesto Galarza*

LOMBRIZ SOTERRADA
Lombriz soterrada
trabaja, trabaja
callada, callada.

—*Ernesto Galarza*

RUEDA LA RONDA

Rueda la ronda
como la rueda
porque es redonda.

Como la rueda
rueda la ronda.

Como la ronda
ronda la rueda.

Ronde la rueda,
ruede la ronda.

Ronda redonda
como la rueda
rueda la ronda.

—David Chericián

SANDÍA

¡Del verano, roja y fría
carcajada
rebanada
de sandía!

—*José Juan Tablada*

LA FERIA DE PAMPLONA

Uno de enero, dos de febrero,
tres de marzo, cuatro de abril,
cinco de mayo, seis de junio,
siete de julio San Fermín.
¡A Pamplona hemos de ir!
con una gaita, con una gaita.
¡A Pamplona hemos de ir!
con una gaita y un tamboril.

—*Tradicional*

¿Díganme por qué a la llama
su mamá la llama llama
y no la llama león?
Pues mamá así la llama
porque al llamarla llama
llama mucho la atención.

—*Ernesto Galarza*

EL TIGRE

Al tigre, no,
no se le toca
ni por la cola
ni por la boca
ni por curiosidad
ni por casualidad.

—*Ernesto Galarza*

¡AGUA, SAN MARCOS

¡Agua, San Marcos,
rey de los charcos!
Para mi triguito,
que está muy bonito.
Para mi cebada,
que ya está granada.
Para mi sandía,
que ya florecía.
Para mi aceituna,
que ya tiene una.

—*Tradicional*

DERECHO DE PROPIEDAD

¡Nada es tan mío
como el mar
cuando lo miro!

—*Elías Nandino*

NÚMEROS

A la casita del 1
el 2 se quiso mudar
el 3 salió de paseo
el 4 fue a patinar
cortaba madera el 5,
el 6 repartía el pan
y el 7, el 8 y el 9
se fueron a navegar.

—*Dora Alonso*

COPLA

Voy a dar la despedida
como la da un marinero,
con su sombrero en la mano:
"Hasta luego, compañero".

—*Tradicional*